Polina Morozova

Das russische Alphabet

Kompakttrainer zur Druck- und Schreibschrift

Schmetterling Verlag

Inhaltsverzeichnis

Vorwort

Um die richtige Handschrift zu lernen, werden in russischsprachigen Ländern viele Schuljahre und Mühen investiert. Wer Russisch als Fremdsprache lernt und weniger Zeit zur Verfügung hat, muss Kompromisse eingehen und sollte, statt auf eine perfektionierte Kalligrafie zu setzen, vereinfachte Formen einüben. Mit jeder Vereinfachung riskiert man allerdings, in den vielen Situationen des Alltags, in denen man im russischsprachigen Raum mit Handschriften konfrontiert wird, durch Variationen und Mischformen zwischen Druck- und Schreibbuchstaben überfordert zu werden.

Das vorliegende Buch ist aus großer Liebe zur russischen Sprache und Schrift entstanden und ermöglicht Interessierten jeden Alters, die russische Handschrift möglichst schnell zu lernen und effektiv zu üben. Eine zentrale Besonderheit des Buches liegt darin, dass alle Schreibvorlagen vereinfacht, aber authentisch konzipiert sind. Auf dekorative Elemente wie die nach rechts gerichtete Schrägstellung wird verzichtet, um den Einstieg zu erleichtern.

Was finden Sie in diesem Buch?

- Überblickstabellen zum Alphabet in Druck- und Schreibschrift;
- unterhaltsame Illustrationen, die die Form des jeweiligen Buchstabens mit einem russischen Wort und einem deutschen Merksatz verbinden, damit Sie sich jeden Buchstaben schnell einprägen können;
- Schreibvorlagen für Druckbuchstaben, die nicht der oft fälschlich als Vorlage dienenden Computerschrift, sondern der häufig im Alltag anzutreffenden Handschrift folgen;
- Vorlagen für Schreibbuchstaben, bei denen auch die Verbindungen zwischen den Buchstaben geübt werden;
- Übungen zur Festigung des bereits Erlernten.

Wie arbeitet man mit dem Buch?

Fangen Sie am besten mit den Druckbuchstaben an. Merken Sie sich die Form der Buchstaben mithilfe der Bilder und Buchstabennamen sowie der Merksätze. Üben Sie die Schriftzüge auf den linierten Seiten zuerst einzeln und dann in konkreten Wörtern. Nachdem Sie sich die Form der Druckbuchstaben gut eingeprägt haben, wird Ihnen das Erlernen der Schreibschrift etwas leichter fallen.

Die Schreibbuchstaben sind komplexer als die Druckbuchstaben und unterscheiden sich teilweise vollständig von diesen. Das wichtigste Merkmal der Schreibschrift ist die Verbindung zwischen den Buchstaben, die Sie mittels der Beispielwörter gezielt lernen werden. Daher werden die Schreibbuchstaben nicht in alphabetischer Reihenfolge, sondern von den «einfachsten» zu den «schwierigsten» Buchstaben und Verbindungen hin geübt.

Jede neue Doppelseite beginnt mit Vorbereitungsübungen: Schreiben Sie die Buchstaben dem Muster entsprechend ab und üben Sie Silben und Wörter. Am Ende des Buches finden Sie eine Reihe von Wörtern, die in Schreibbuchstaben geschrieben etwas abschreckend erscheinen mögen (wie z.B. *шиншилла*). Testen Sie sich, indem Sie diese Wörter abschreiben – oder versuchen Sie sie in Druckbuchstaben wiederzugeben.

Viel Spaß!

Druckbuchstaben

Der Arzt holt sich Arzneien aus der APOTHEKE.

АПТЕКА
(APOTHEKE)

А а

«A»

А

А

А

А

а

а

а

а

Man bügelt bunte WÄSCHE mit einem Bügeleisen.

БЕЛЬЁ
(WÄSCHE)

Б б

«БЭ»

Б

Б

Б

Б

б

б

б

б

So große Wellen im HAAR will jede haben!

ВОЛОСЫ
(HAARE)

В в

«ВЭ»

В

В

В

В

в

в

в

в

Die grauen GÄNSE quaken und schnattern.

ГУСИ
(GÄNSE)

Г г

«ГЭ»

Г

Г

Г

Г

г

г

г

г

Deine DATSCHE hat ein dreieckiges Dach.

ДАЧА
(DATSCHE)

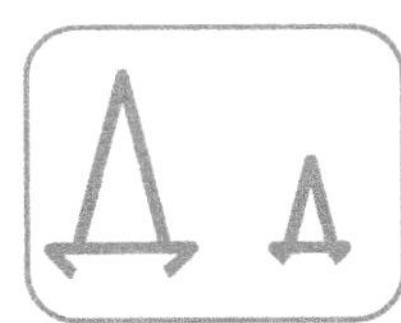

«ДЭ»

Д

Д

Д

Д

д

д

д

д

Jeden Tag schreibe
ich etwas Neues
in den
TERMINKALENDER.

- HALLO, ich bin's...

ЕЖЕДНЕВНИК
(TERMINKALENDER)

Е е

«Е»

Е

Е

е

АЛЁ
(HALLO)

Ё ё

«Ё»

Ё

Ё

ё

Die EISEN-Zahnräder drehen sich nicht. Das ist Sabotage!

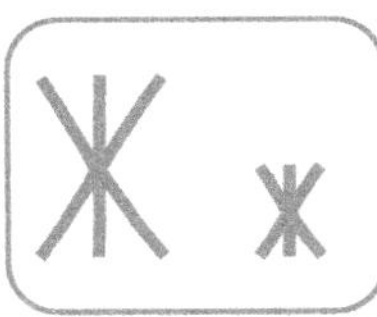

Ж

Ж

Ж

Ж

ж

ж

ж

ж

Es ist heute sehr windig – mein REGENSCHIRM!..

ЗОНТ
(REGENSCHIRM)

З з

«ЗЭ»

З

З

З

З

з

з

з

з

Ich habe kein Interesse an Gewinn, ich mag SPIELE einfach so!

Lust auf ein Tässchen russischen TEES? Oder lieber Chai Latte?

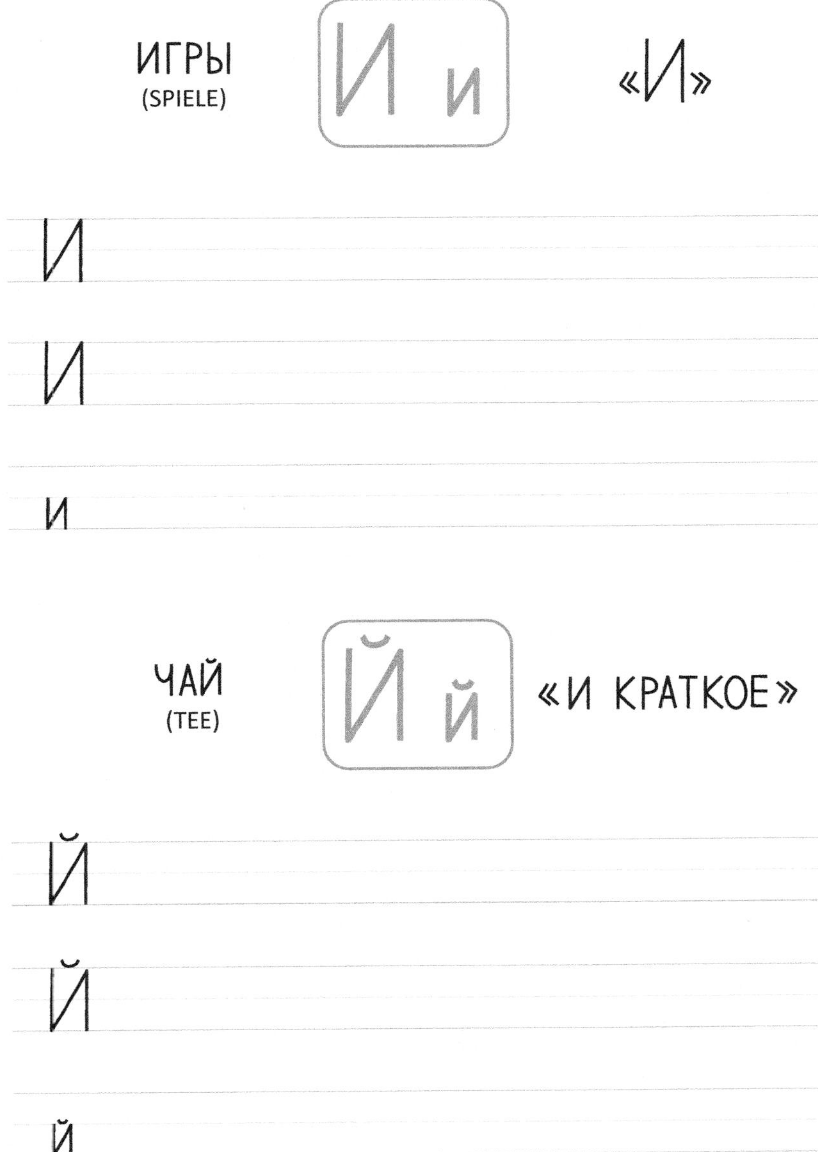
ИГРЫ
(SPIELE)
И и
«И»
И
И
и
ЧАЙ
(TEE)
Й й
«И КРАТКОЕ»
Й
Й
й

Kannst du den KALTWASSERHAHN zudrehen?

КРАН
(WASSERHAHN)

К к

«КА»

К

К

К

К

к

к

к

к

Dieser FROSCH hat aber lange Beine!

ЛЯГУШКА
(FROSCH)

«ЭЛЬ»

Л

Л

Л

Л

л

л

л

л

Auf dem MASKENBALL habe ich den Mann nicht erkannt!

М

М

М

М

м

м

м

м

Nico ist DEUTSCHER und kommt aus Nürnberg.

Н

Н

Н

Н

н

н

н

н

Euer **FENSTER** ist so schön oval.

ОКНО
(FENSTER)

О о

«О»

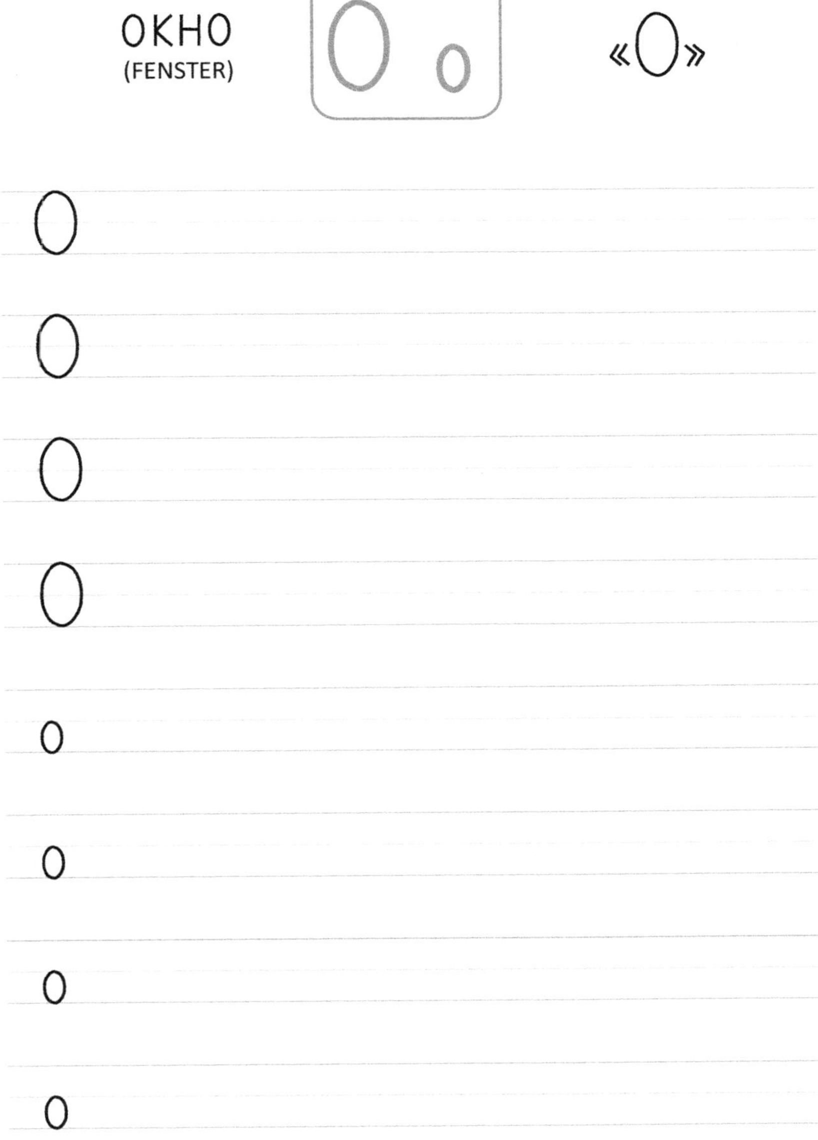

Das Puschkin-DENKMAL steht im Park.

ПАМЯТНИК
(DENKMAL)

П п

«ПЭ»

П

П

П

П

п

п

п

п

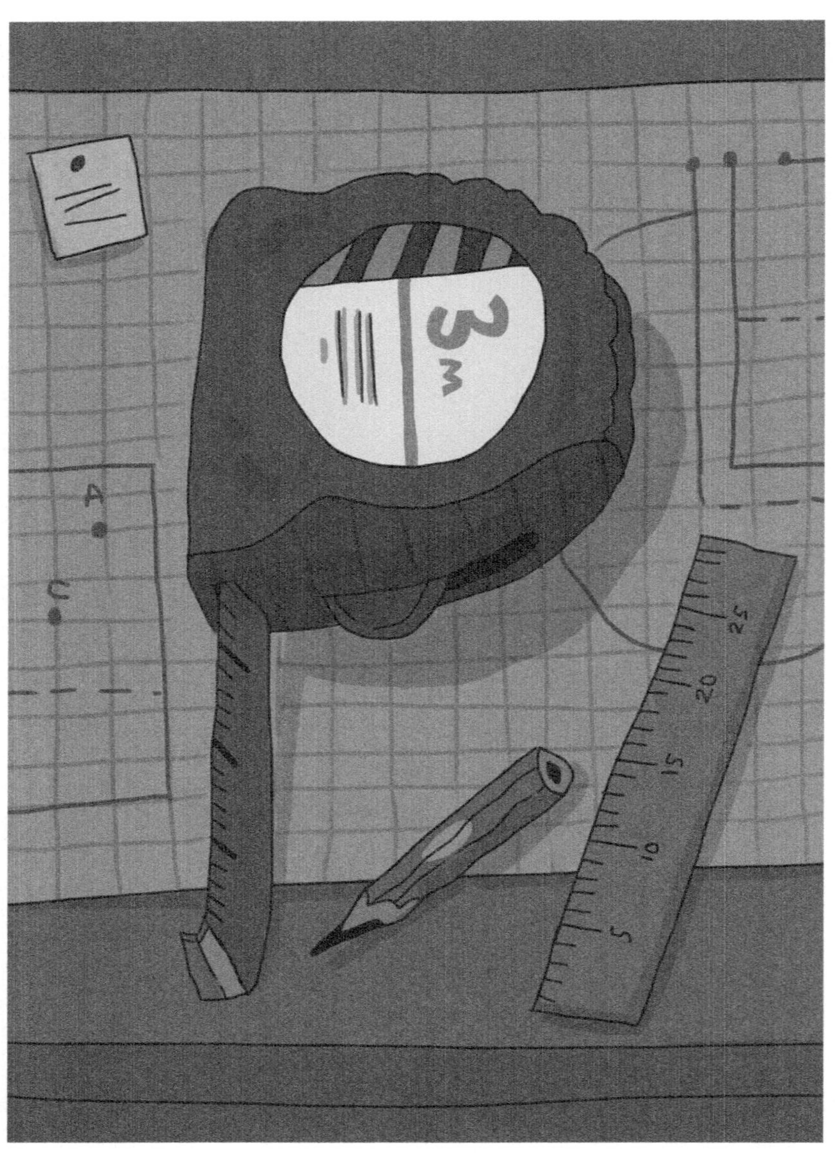

Das rote MASSBAND wurde in Russland hergestellt.

РУЛЕТКА
(MASSBAND)

Р р

«ЭР»

Р

Р

Р

Р

р

р

р

р

Deine Smaragd-OHRRINGE sind klasse!

СЕРЬГИ
(OHRRINGE)

Cc

«ЭС»

С

С

С

С

с

с

с

с

Dieses SACKGASSE-Schild ist hier fehl am Platz.

ТУПИК
(SACKGASSE)

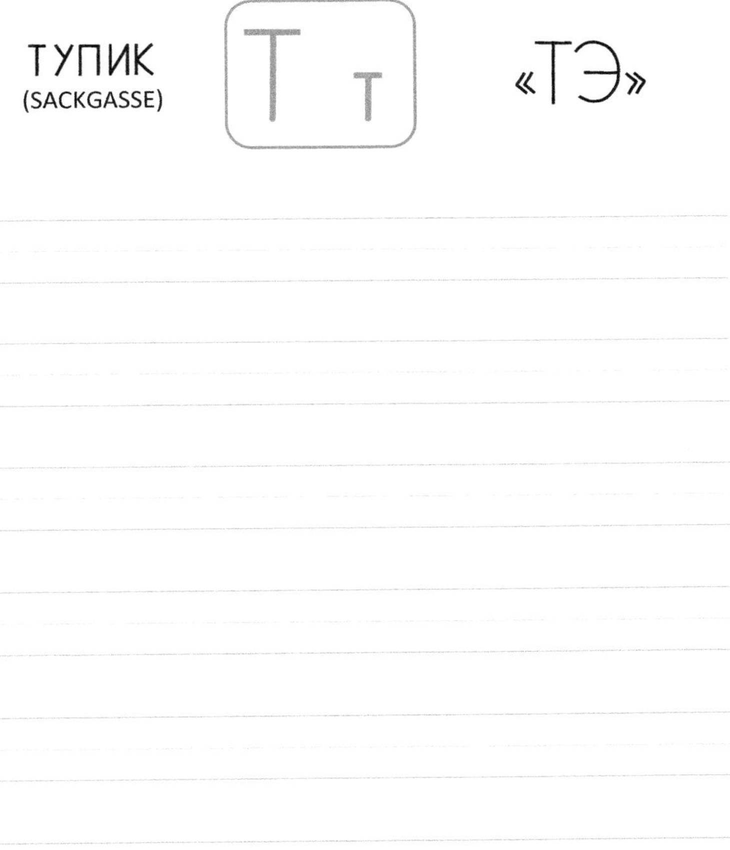

«ТЭ»

Känguru Ursula hat unheimlich schöne OHREN.

УШИ
(OHREN)

У у

«У»

У

У

У

У

у

у

у

у

Vorsicht! Sonst fliegt der UHU aus der Fichte!

ФИЛИН
(UHU)

Ф ф

«ЭФ»

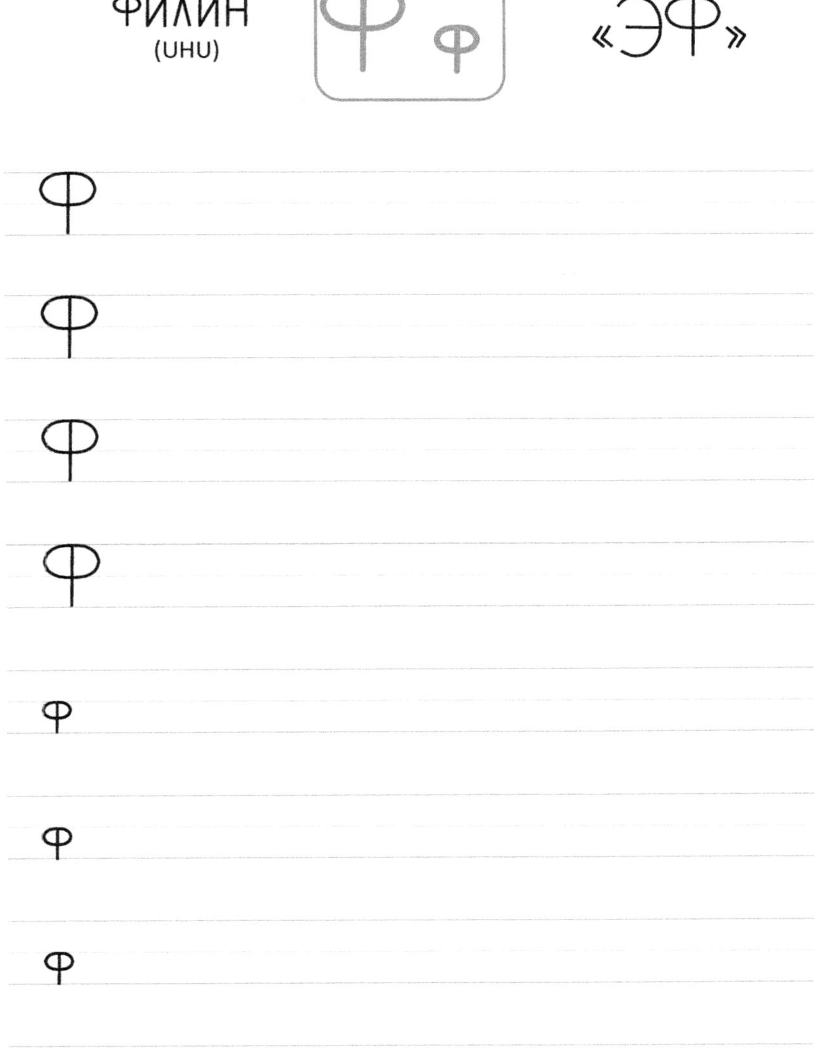

Der CHIRURG holt nun seine Schere.

Х

Х

Х

Х

х

х

х

х

Diese ZITADELLE ist schon zigtausend Jahre alt.

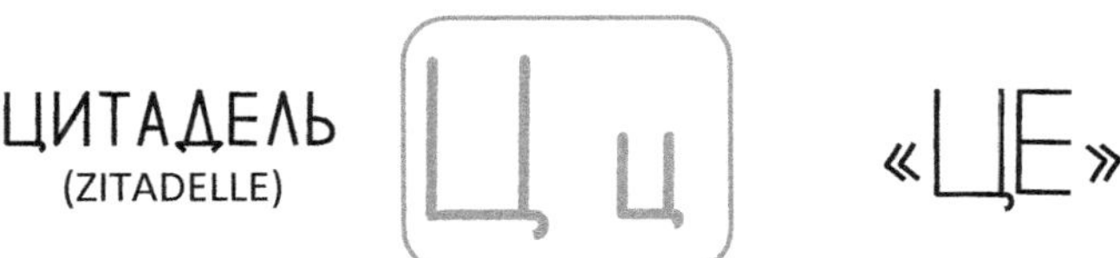

Ц

Ц

Ц

Ц

ц

ц

ц

ц

Cheerleader bejubeln den CHAMPION aus Tschechien.

ЧЕМПИОН
(CHAMPION)

Ч ч

«ЧЕ»

Ч

Ч

Ч

Ч

ч

ч

ч

ч

Frau Schmidts Pelzmantel verstaubt im SCHRANK.

Ш

Ш

Ш

Ш

ш

ш

ш

ш

Schaut euch den prächtigen alten SCHILD an!

ЩИТ
(SCHILD)

Щ щ

«ЩА»

Das Zeichen **ъ** ist so hart wie ein Fels.

Darüber können wir nur grinsen: **ы-ы-ы**!

Das Zeichen **ь** ist so weich wie Pudelfell.

«ТВЁРДЫЙ ЗНАК» Ъ

«Ы» Ы

«МЯГКИЙ ЗНАК» Ь

ъ ы ь

ъ ы ь

ъ ы ь

ъ ы ь

ъ ы ь

Pinguin Erwin will sein «ESKIMO»-Eis zu Hause essen.

«Эскимо» Э э «Э»

(«ESKIMO»)*

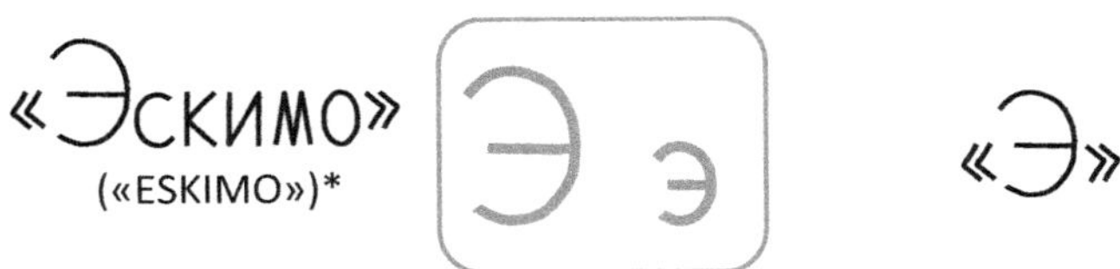

Э

Э

Э

Э

э

э

э

э

* Im Russischen ist der Name dieser beliebten Eissorte nicht identisch mit der Volksbezeichnung эскимос (Eskimo) und nicht von umstrittenen Konnotationen betroffen.

JUPITER ist der fünfte Planet unseres Sonnensystems.

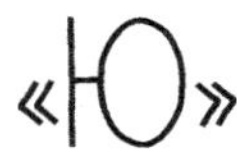

Ю

Ю

Ю

Ю

ю

ю

ю

ю

Vor unserer Jacht wird der Tanz «ÄPFELCHEN» vorgeführt.

«Яблочко»
(«ÄPFELCHEN»)

Я я

«Я»

Я

Я

Я

Я

я

я

я

я

Festigungsübungen I

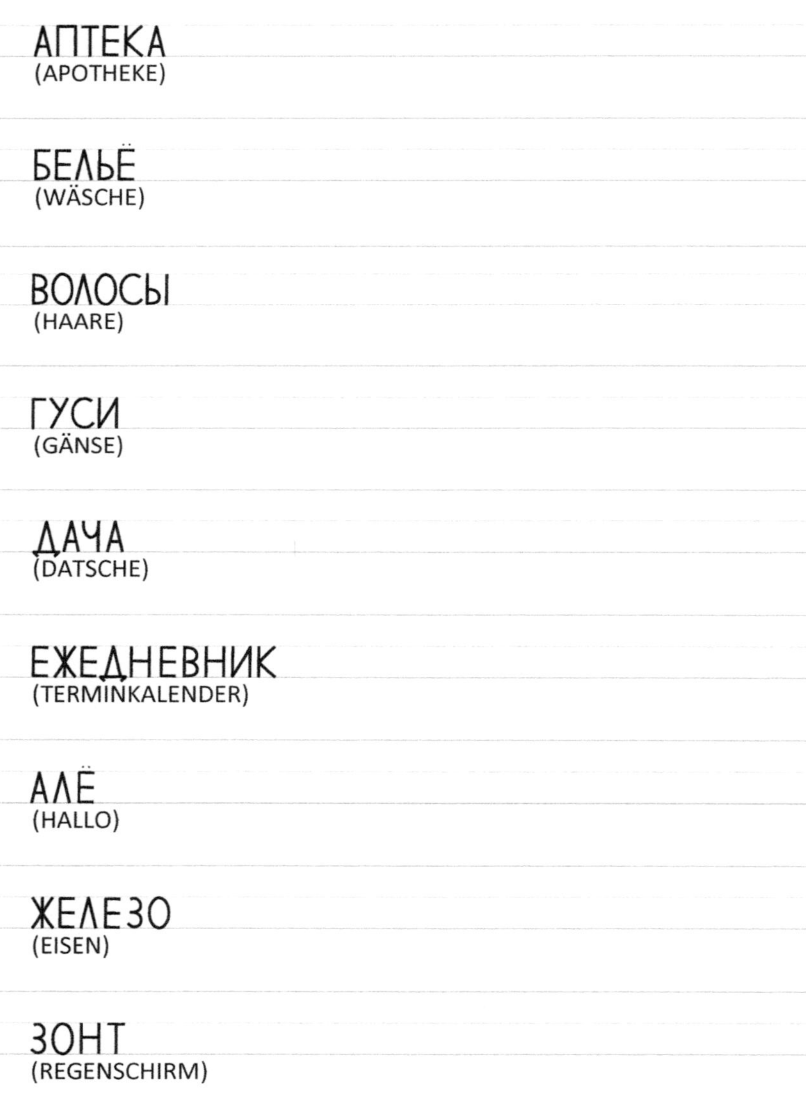

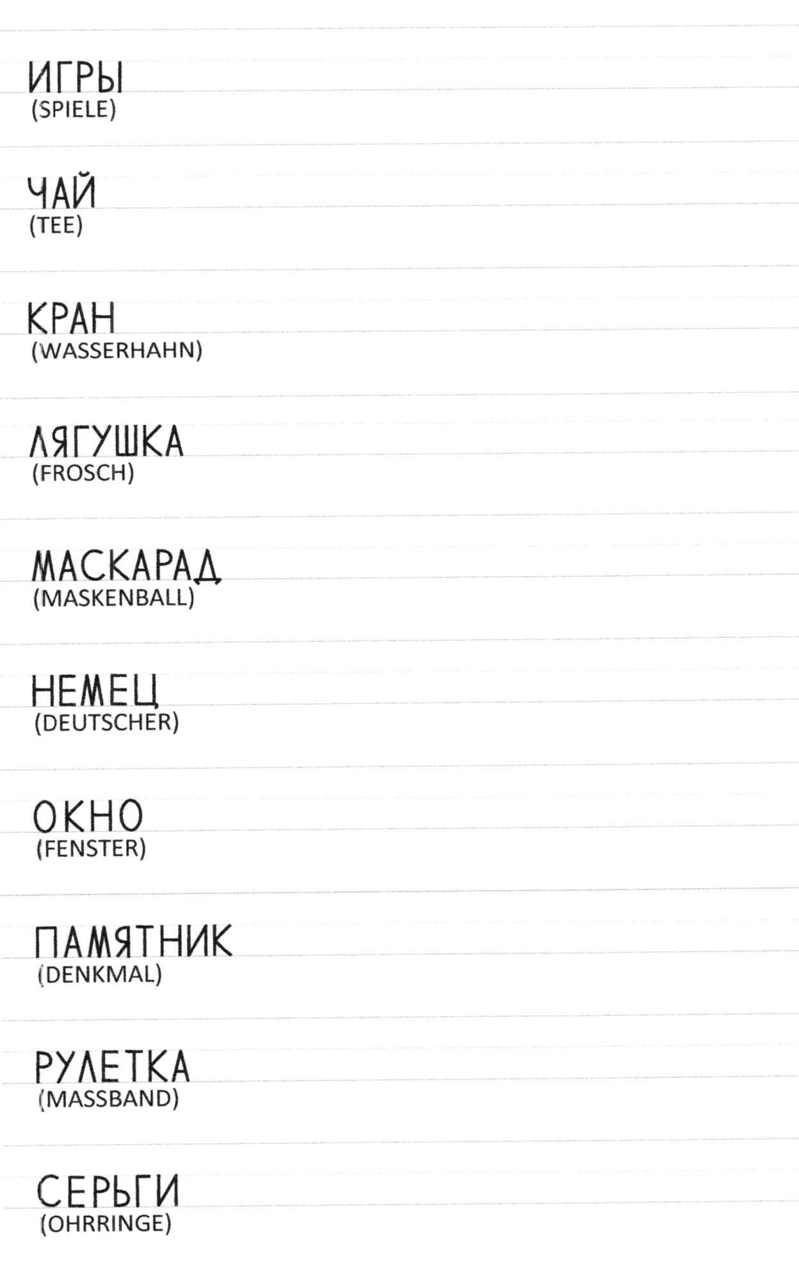

ИГРЫ
(SPIELE)

ЧАЙ
(TEE)

КРАН
(WASSERHAHN)

ЛЯГУШКА
(FROSCH)

МАСКАРАД
(MASKENBALL)

НЕМЕЦ
(DEUTSCHER)

ОКНО
(FENSTER)

ПАМЯТНИК
(DENKMAL)

РУЛЕТКА
(MASSBAND)

СЕРЬГИ
(OHRRINGE)

ТУПИК
(SACKGASSE)

УШИ
(OHREN)

ФИЛИН
(UHU)

ХИРУРГ
(CHIRURG)

ЦИТАДЕЛЬ
(ZITADELLE)

ЧЕМПИОН
(CHAMPION)

ШКАФ
(SCHRANK)

ЩИТ
(SCHILD)

«Эскимо»
(«ESKIMO»)

Юпитер
(JUPITER)

Welche Wörter können Sie noch auf Russisch schreiben?
Üben Sie in Druckschrift!

Schreibbuchstaben

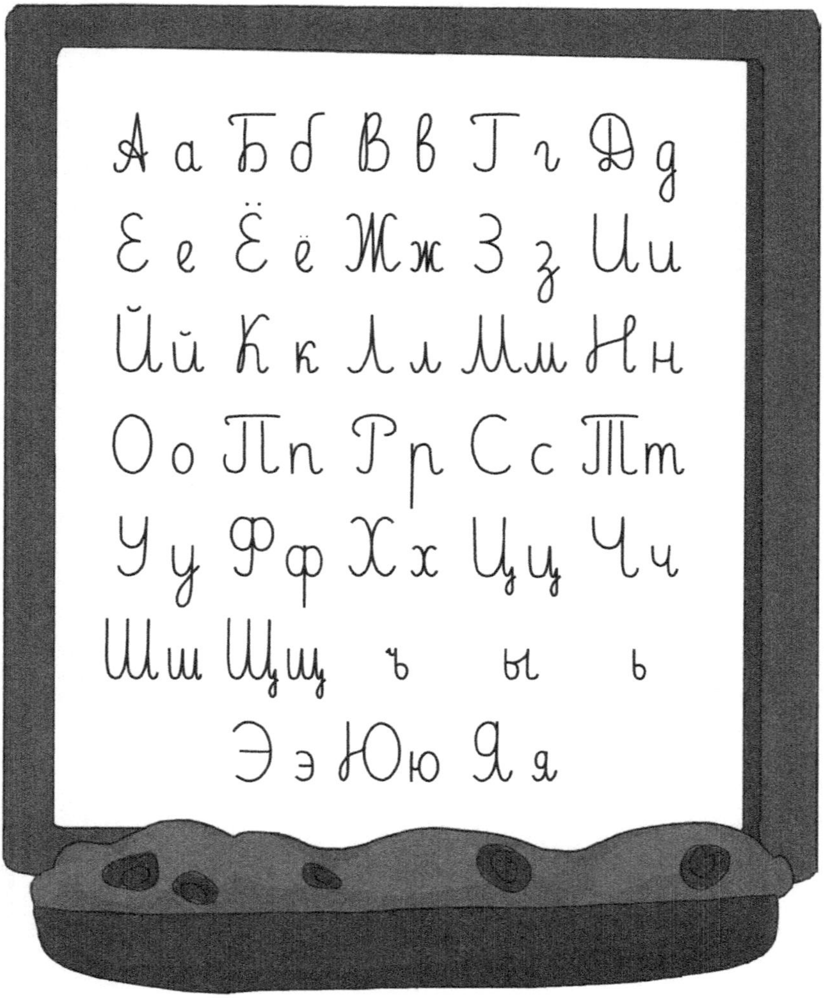

Аа Бб Вв Гг Дд

Ее Ёё Жж Зз Ии

Йй Кк Лл Мм Нн

Оо Пп Рр Сс Тт

Уу Фф Хх Цц Чч

Шш Щщ ъ ы ь

Ээ Юю Яя

Е
Е Е
е е
Ч
Ч Ч
ч ч

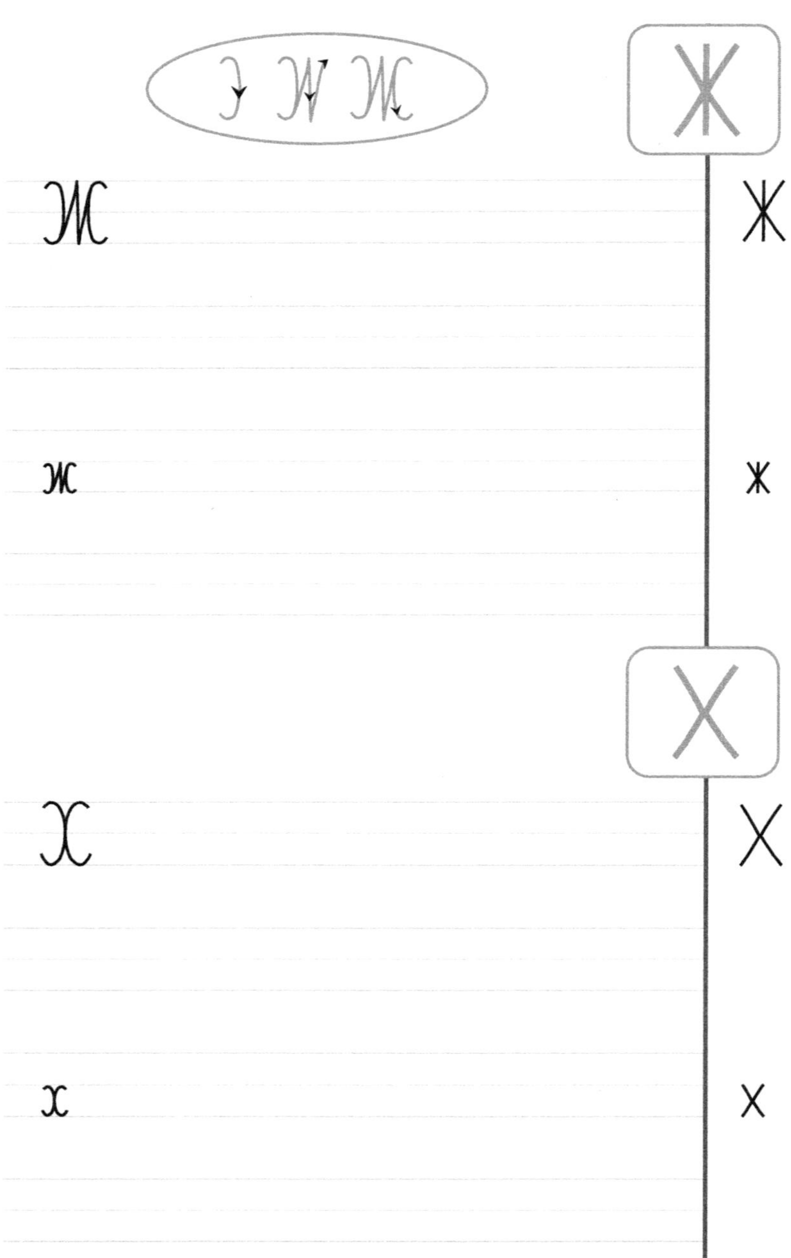
Ж
Ж
ж
Х
Х
х

eeeeee

чччччч

жжжжжж

хххххх

Хе

хе

Же

же

Ёж

ёж

И
И И
и и
Ш
Ш Ш
ш ш

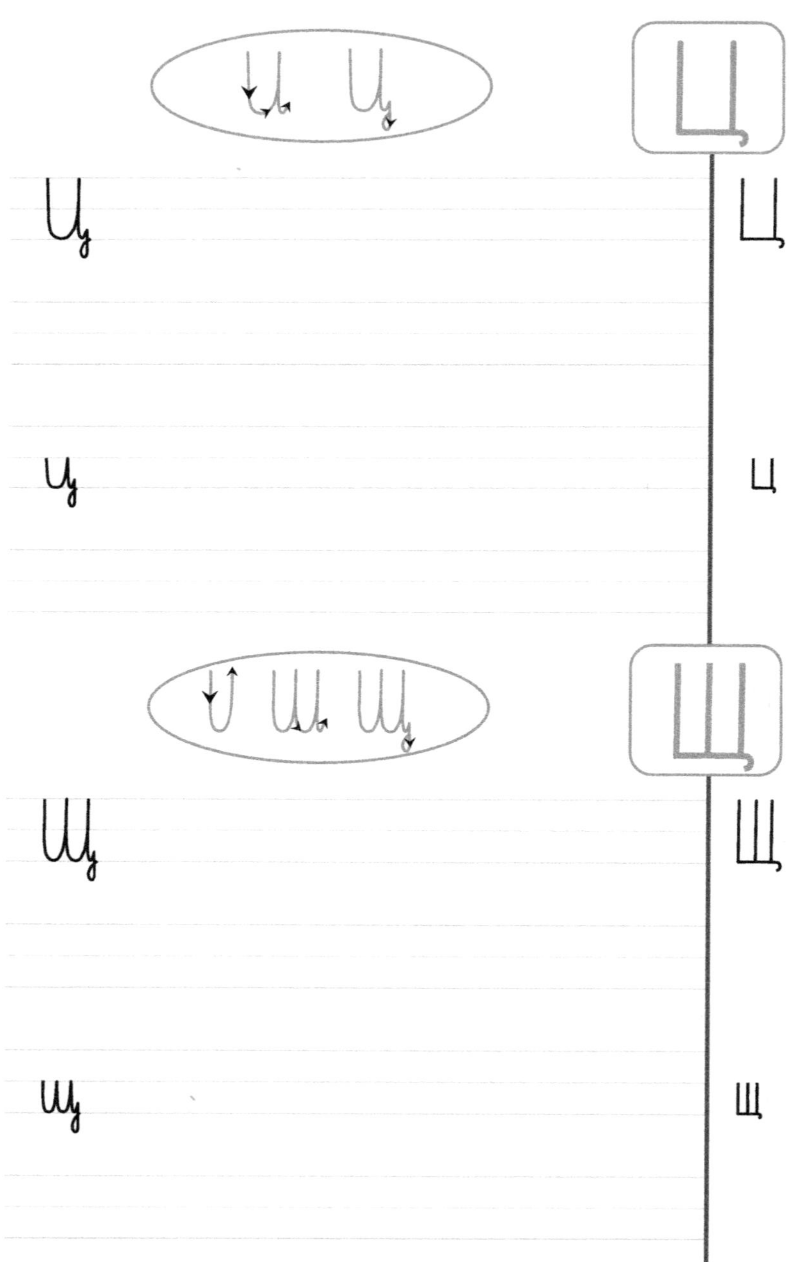
Ц
Ц
ц
Щ
Щ
щ

цеце

Ищи

ищи

Ещё

ещё

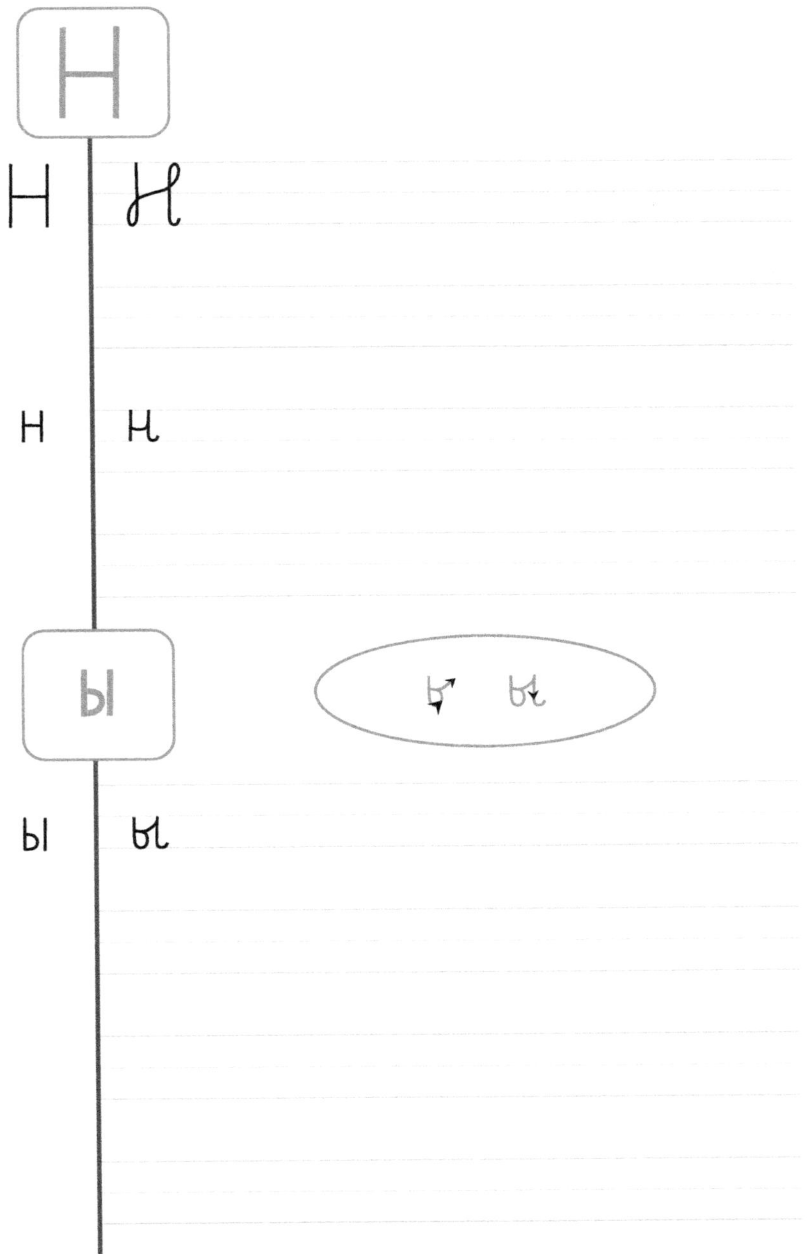

Н
Н Н
н н
Ы
ы ы

П

П

п

Т

Т

т

ныныны

шт

Цены

цены

Нет

нет

Тип

тип

Птицы

птицы

A
A A
A a
Δ
Δ Ɗ
Δ g

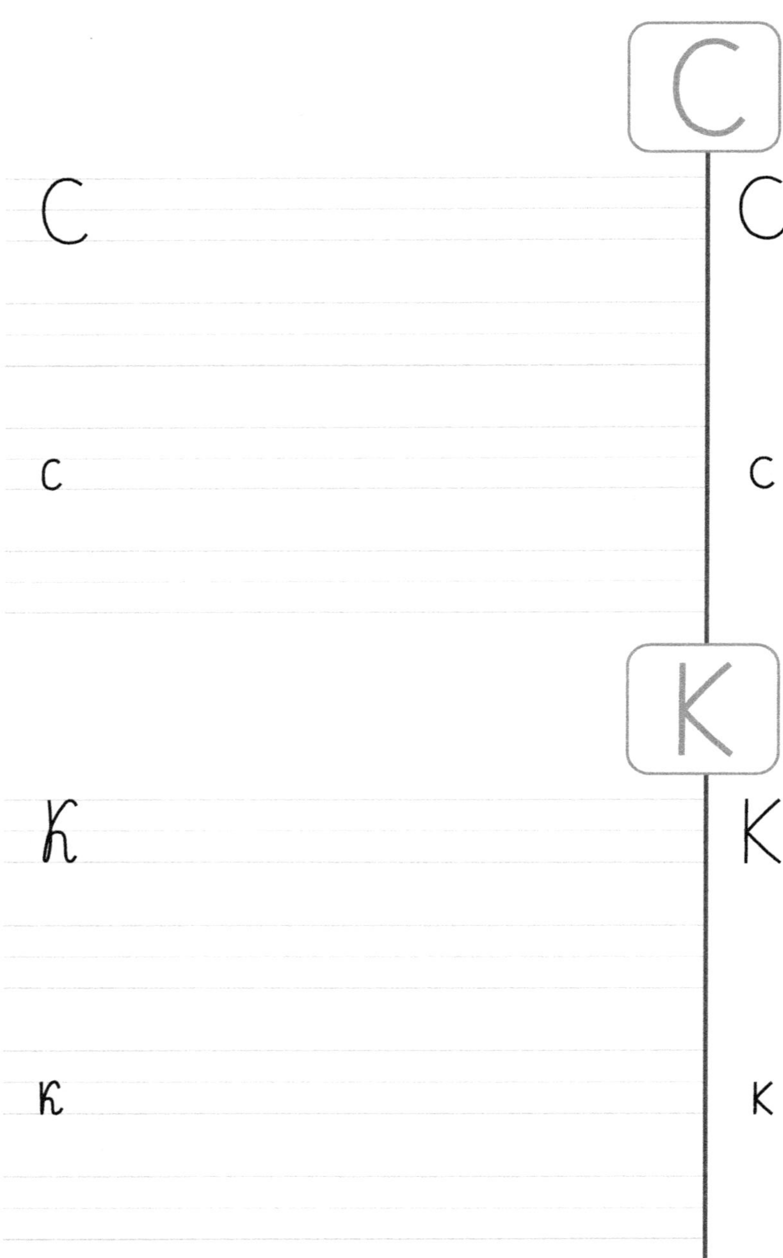
C
C
C
c
c
K
K
K
k
k

ai

gi

ga

ing

Aйga

aйga

Daй

дай

Иди

иди

Еда

еда

си

са

ис

ас

Кис

кис

Чистый

чистый

Саша

Никита

Касса

касса

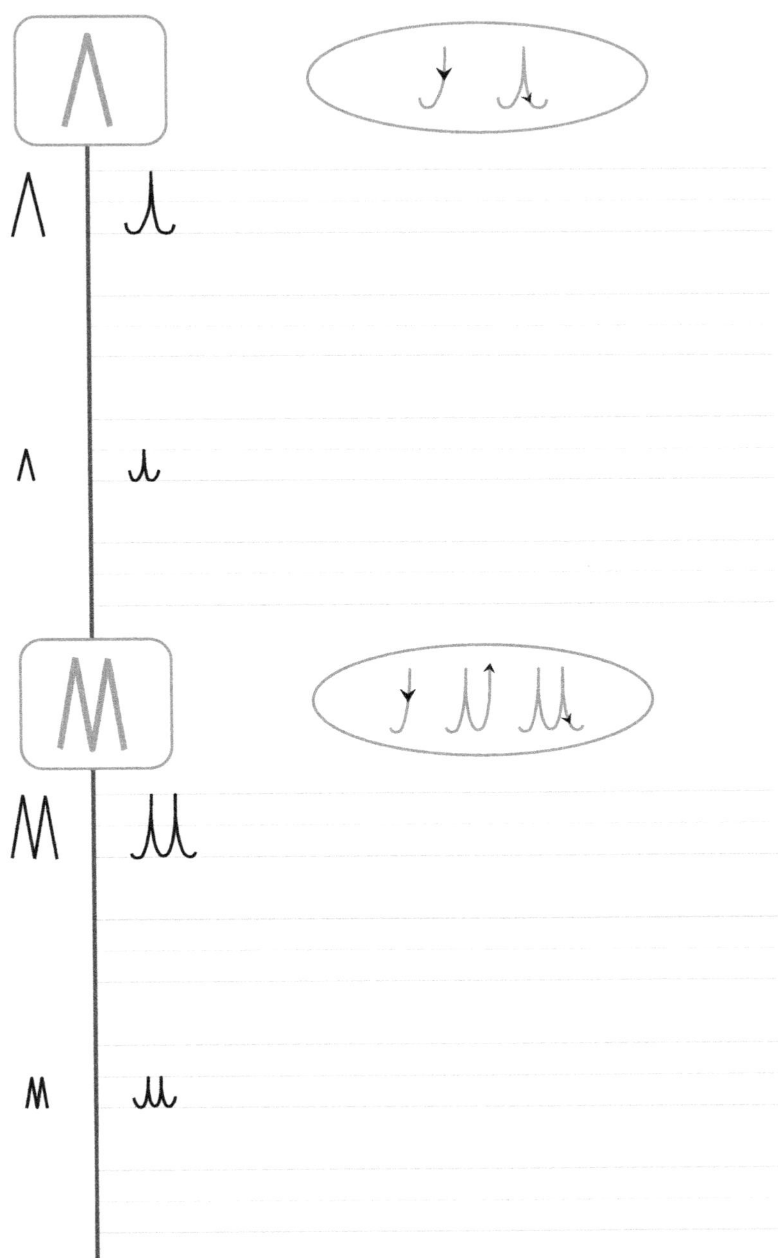

Я
Я
я
привет!
Я червячок.
А кто ты?

ими

Мими

мими

Милый

милый

яяяяя

ия

ля

мя

Имя

имя

Для

для

Шляпа

шляпа

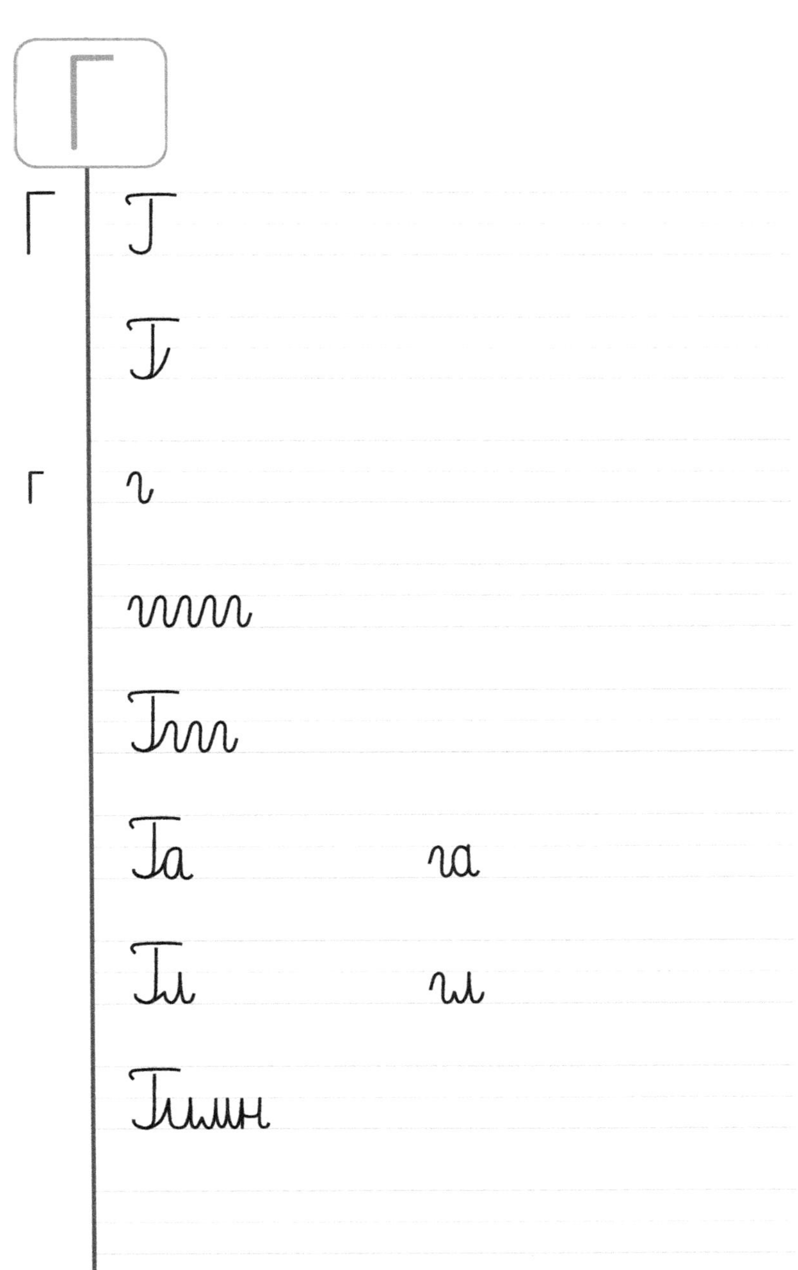
Г
Г
Г
Г
г
г
ггг
Ггг
Га
га
Ги
ги
Гимн

гимн

Игла

игла

Книга

книга

З
З З
З
з з
з
Зд зд
Зм зм
Зина
Змея

змея

Глаз

глаз

Занятие

занятие

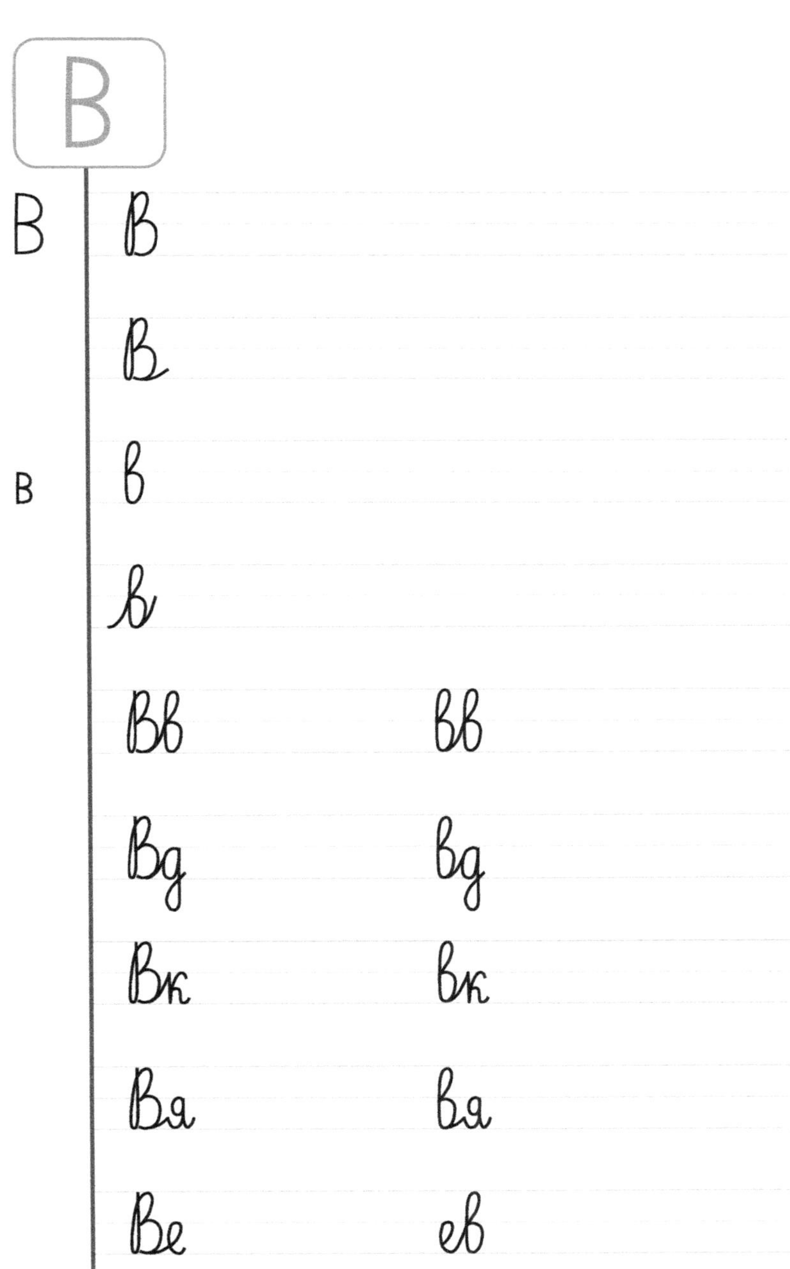
В
В В
В
в в
в
Вв вв
Вд вд
Вк вк
Вя вя
Ве ев

Два

два

Савва

Извини

извини

Э
Э Э
Э
э э
э
ЭВРИКА
Сэ сэ
Ээ ээ
Эс эс
Эл эл
Эссе

эссе

Экзамен

экзамен

Сэндвич

сэндвич

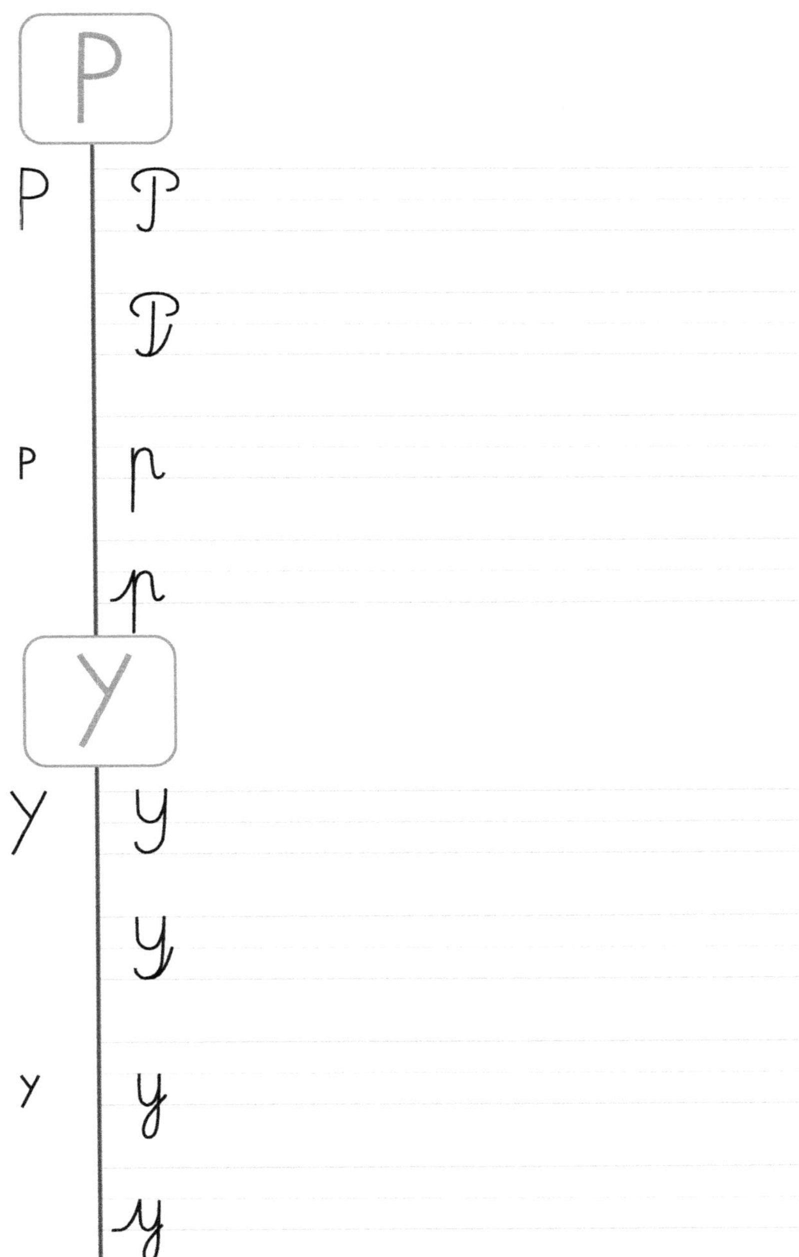

Ура

ура

Улица

улица

Удачи

удачи

Ряд

ряд

Привет

привет

O
O
O
o
o
o
Oo oo
Ou ou
Ob ob
Og og
Oa oa

Стоп

стоп

Новый

новый

Модный

модный

Отлично

отлично

Твоя

твоя

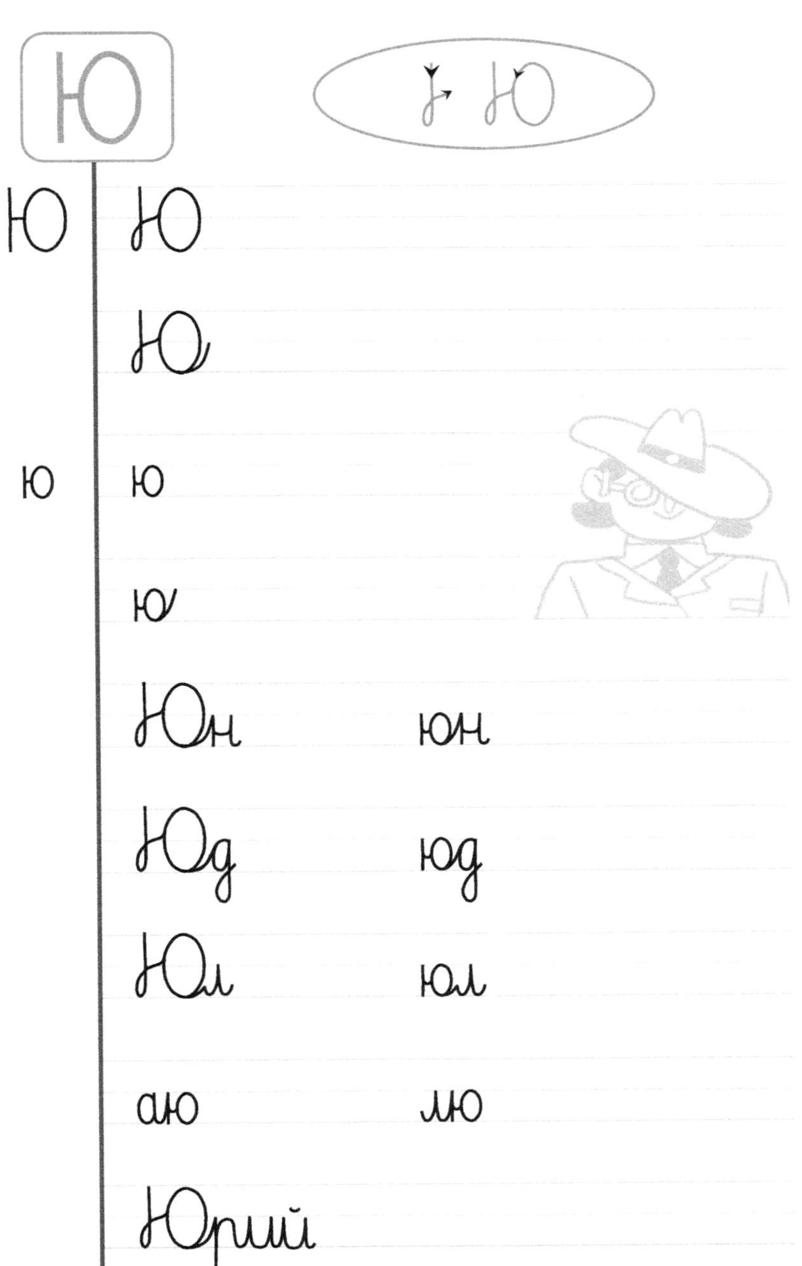
Ю
Ю
Ю Ю
Ю
ю ю
ю
Юн юн
Юд юд
Юл юл
аю мю
Юрий

Юлия

Считаю

считаю

Люди

люди

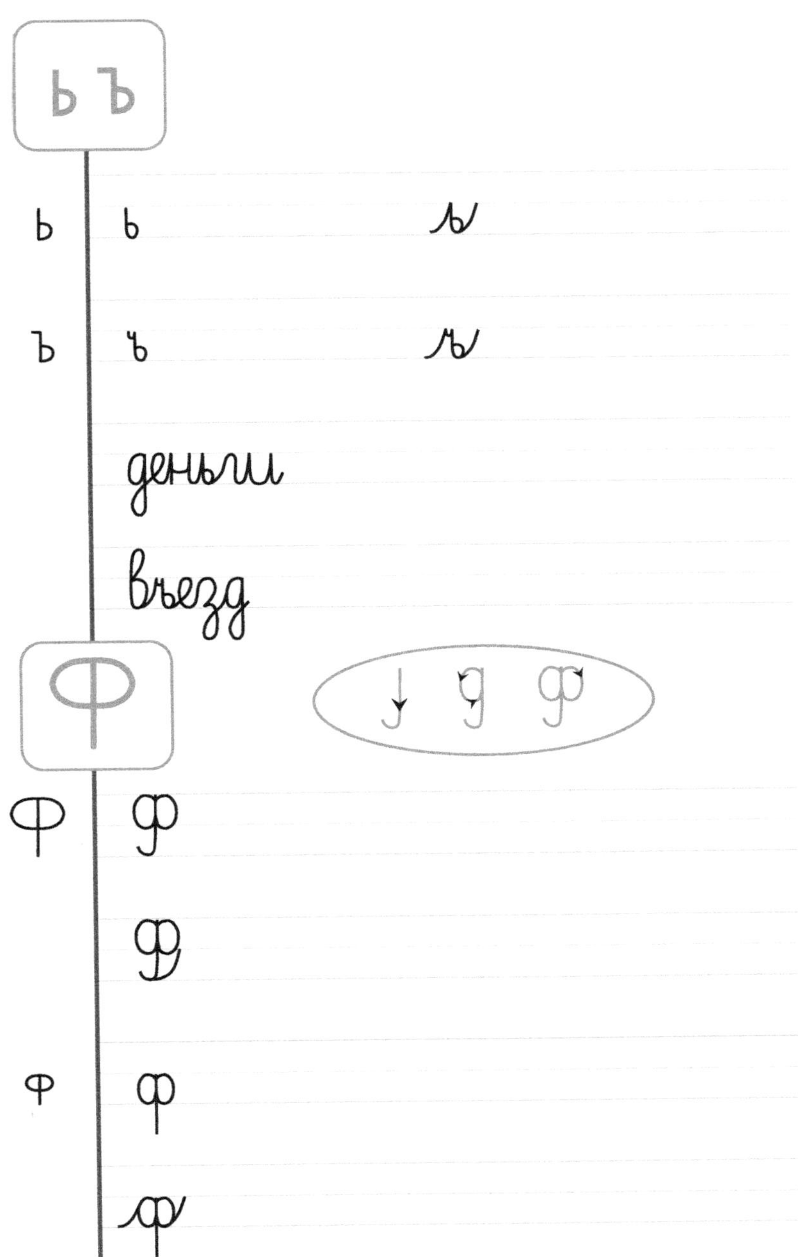
ь ъ
ь ь
ъ ъ
деньги
въезд
Ф
Ф ф
ф ф

Фамилия

фамилия

Фильм

фильм

София

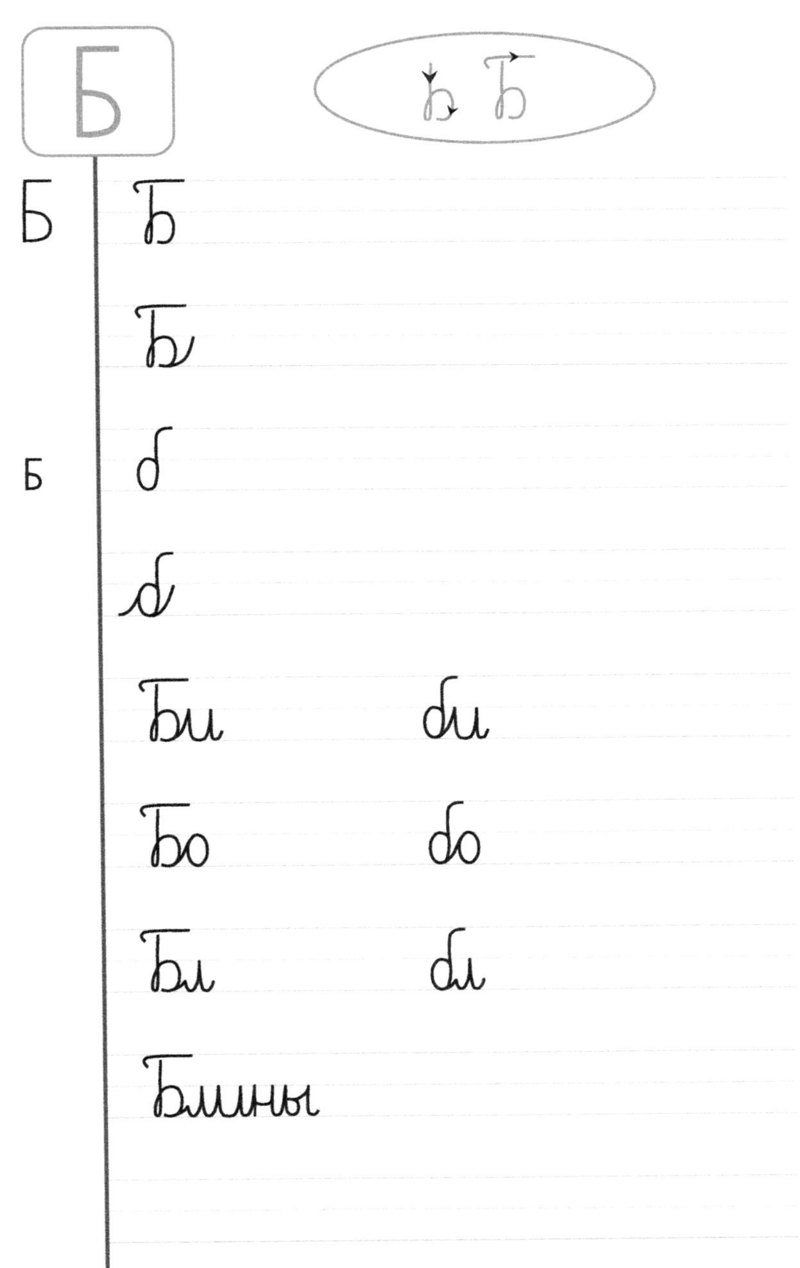
Б
Б Б
Б
б б
б
Би би
Бо бо
Бл бл
Блины

блины

Футбол

футбол

Юбилей

юбилей

Festigungsübungen II

Wiederholen Sie die Beispielwörter nach dem Muster oder übertragen Sie sie selbständig von der Schreib- in die Druckform - je nach Lust und Laune.

ушли ушли

мшили мшили

минимуи минимуи

выпили выпили

тишина тишина

мама мама

лампа лампа

температура температура

програма програма

грамматика грамматика

дедушка дедушка

девушка девушка

садовод садовод

фарфор фарфор

свобода свобода

шиншилла шиншилла

длинношеее длинношеее

защищающихся

защищающихся